AF242448

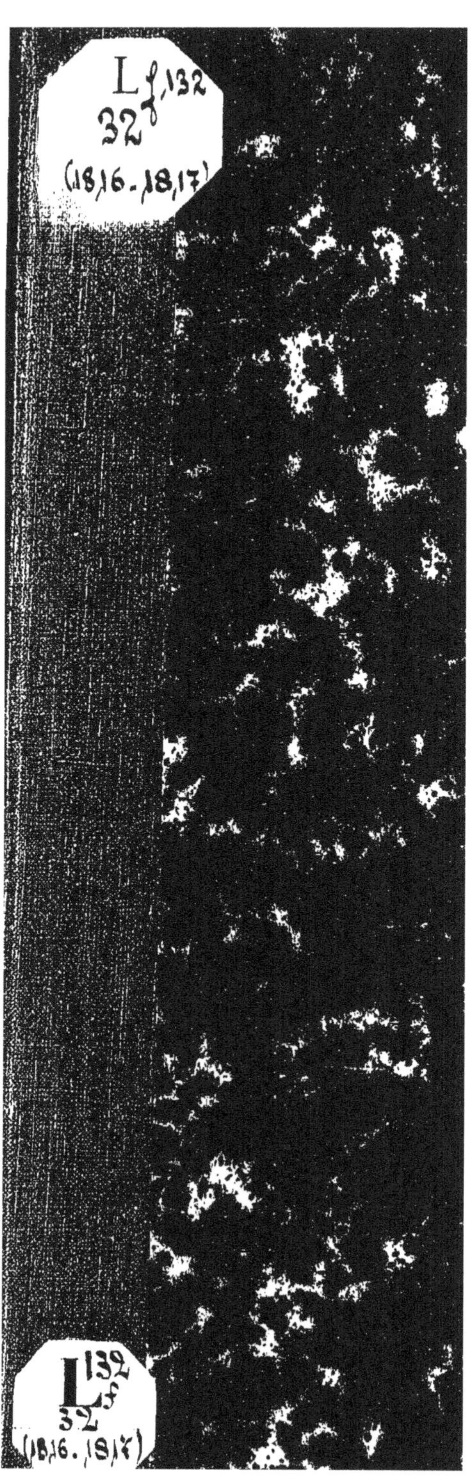
L f.132
32 f
(1816.18,17)
L 132
32 f
(1816.1817)

RAPPORT

FAIT

A S. Ex. LE MINISTRE

SECRÉTAIRE D'ÉTAT AU DÉP.T DE L'INTÉRIEUR,

Par le Docteur GUILLIÉ,

SUR L'ÉTAT DE L'INSTITUTION ROYALE

DES JEUNES AVEUGLES,

PENDANT LES EXERCICES 1816 ET 1817.

PARIS,

DE L'IMPRIMERIE DE J.-L. CHANSON,

IMPRIMEUR DE L'INSTITUTION.

———

1818.

RAPPORT

FAIT

A SON EXCELLENCE LE MINISTRE DE L'INTÉRIEUR,

Par le Docteur GUILLIÉ,

Sur l'état de l'Institution royale des Jeunes Aveugles,
pendant les exercices 1816 et 1817.

Monseigneur,

L'Administration voit arriver avec une grande satisfaction l'époque où elle va rendre compte à Votre Excellence de ses travaux pendant les deux années qui viennent de s'écouler : elle aura l'occasion de faire éclater publiquement sa reconnaissance pour la bienveillance toute particulière dont vous avez honoré l'utile établissement confié à ses soins. Et moi, que mes fonctions obligent à rédiger ces Mémoires, je m'estime heureux de pouvoir payer à mes honorables collégues le tribut d'éloges qu'ils ont si bien mérités. En faisant l'histoire de leurs travaux, ne ferai-je pas celle de leurs bienfaits ? Puissé - je atteindre le but que je me suis proposé, et réussir à faire connoître, dans toute son étendue, ce que le zèle le plus actif, la bienfaisance la mieux ordonnée ont pu opérer de bien dans un terme aussi court !

Afin de mettre plus d'ordre et de clarté dans ce rapport et de rendre un compte plus précis et plus détaillé des améliorations que le temps et l'expérience ont permis de faire, je diviserai mon travail en trois parties.

La première fera connoître l'origine de l'Institution, les diverses modifications qu'elle a subies, depuis sa création jusqu'au 20 février 1816, époque de sa séparation d'avec l'hôpital des Quinze-Vingts.

La deuxième, sous divisée en deux sections, sera destinée à rendre compte des perfectionnemens obtenus dans les diverses parties du service, des progrès que les élèves ont faits depuis deux ans, dans toutes les branches d'étude auxquelles on les applique, et de l'état actuel de l'enseignement.

Dans la troisième, on expliquera comment on a pu, sans augmenter le crédit, supporter beaucoup de charges nouvelles, acquérir un mobilier considérable, restaurer l'ancien, et pourvoir aux besoins nouveaux nécessités par la translation.

PREMIÈRE PARTIE.

Avant d'entrer dans aucun détail sur l'état actuel de l'Institution, nous avons cru devoir tracer rapidement l'historique de ce qu'elle étoit avant la translation, et le faire remonter même jusqu'à l'époque de sa création, afin de faciliter au lecteur le moyen de juger par lui-même quel régime a été le plus favorable à l'établissement.

ORIGINE DE L'INSTITUTION.

La fondation d'une maison pour les jeunes Aveugles remonte à plus de trente-ans. C'est la pitié qu'inspiroient ces infortunés, la plupart errans sans asile, sur la voie publique, en proie à l'ignorance et à la misère, qui détermina quelques personnes généreuses et sensibles à les accueillir pour les soustraire à la contagion du vice; mais l'œuvre n'eût point été complète si, pour s'épargner l'affliction de les voir souffrir publiquement, on se fût contenté de les reclure dans un hospice à un âge où leur intelligence pouvait-être heureusement développée. Il existoit d'ailleurs, depuis plusieurs siècles, pour les aveugles âgés, un hôpital (1) dû à la piété d'un de nos Rois, mais

---

(1) C'est mal à propos que l'Hospice des Quinze-Vingts a reçu et conserve encore aujourd'hui la dénomination d'Hôpital; on devroit n'appeler ainsi que les maisons où l'on admet des sujets malades pour y être traités. Un Hospice est un lieu où des personnes indigentes, âgées, ou infirmes, sont entretenues ou hébergées, comme on disoit

il n'y avoit en France, aucune maison pour les jeunes Aveugles, dont le nombre étoit bien plus considérable encore, avant la pratique de la vaccination. On les entassoit sans discernement dans les hôpitaux, où, dévorés d'ennui, ils attendoient, en languissant, la fin de leur pénible existence. Il y avoit, dit M. le marquis de Pastoret, dans son rapport sur les Hôpitaux, un grand hospice pour les Aveugles incurables; il n'y en avoit point pour le traitement de la cécité (1).

---

autre fois, en qualité de pensionnaires, jusqu'à ce qu'une maladie grave les obligeât à aller à l'infirmerie, qui est l'hôpital de ces maisons-là. Ainsi on dit l'Hôpital de la Charité, mais il faut dire : l'Hospice des Vieillards, etc. Avant la suppression des Monastères, il existoit dans certaines Abbayes de campagne, une espèce d'hospice, où les voyageurs trouvoient, pour la nuit, asile et nourriture, où les moines mendians, munis de la patente Épiscopale, étoient accueillis, où les pèlerins recevoient la passade, et les pauvres du voisinage, la soupe et le pain quotidien. Plusieurs maisons de cette nature existoient dans nos villes et empêchoient, par les bonnes œuvres qu'on y exerçoient, les progrès du vice et de la misère. De ce nombre, étoit celle des Filles Sainte-Catherine, rue des Lombards, fondée en 1188, où de pauvres femmes sans place, étoient reçues et nourries, pendant trois jours, et beaucoup d'autres qui ne me sont pas aussi bien connues que celle-ci qui est aujourd'hui une propriété des jeunes Aveugles. Notre révolution, en dénaturant le langage, nous a enlevé aussi ces établissemens qui rappeloient les mœurs patriarchales et la piété de nos pères. On ne trouve, nulle part, aujourd'hui aucun vestige de ces antiques fondations, si ce n'est sur le Mont St.-Bernard, où, pour l'utilité des voyageurs, subsiste encore, au milieu des neiges, un de ces pieux hermitages. On peut voir, pour de plus grands détails, sur cette matière, l'intéressant mémoire de M. Coste.

(1) Il n'en existe pas non plus aujourd'hui ; mais l'Institution supplée, jusqu'à un certain point, au défaut de ce genre de secours, puisqu'on y traite les sujets qui offrent quelques espérances de guérison, et plusieurs fois on a rendu à leurs familles, jouissant du bienfait de la vue, des enfans qui avoient été placés comme aveugles. Ceux qui par défaut de cécité totale n'ont pas droit à être définitivement reçus dans la maison, sont admis, deux fois par semaine, aux consultations gratuites qu'on y donne sur les maladies des yeux. Enfin le médecin de l'Institution fait régulièrement, chaque année, un cours public sur ces maladies pour l'instruction des jeunes médecins qui ont l'avantage de trouver, dans l'examen du grand nombre de malades qui viennent demander des conseils, une clinique spéciale, d'autant plus précieuse, que depuis l'époque où *Deshaye-Gendron*, oculiste, cessa de faire à St.-Côme ses démonstrations, il n'a point été fait de leçon publique sur cette branche importante de la médecine pratique. Nous nous sommes chargés, avec plaisir, de la double tâche de faire le cours et les consultations, parce que ce travail utile nous a semblé être le complément de la bonne œuvre à laquelle nous nous sommes dévoués.

Ce n'étoit donc pas un hospice qu'il s'agissoit de créer, mais une école où les enfans aveugles pussent, à la fois, être instruits et consolés. Eh ! quel moment eût été plus favorable à l'érection d'un tel établissement que celui où la philantropie étoit devenue, en quelque sorte, une espèce de mode, je dirai presque une fureur à laquelle tout le monde s'abandonnoit ? heureux si, quelques années après, nous n'avions vu détruire, avec un égal fanatisme, toutes ces utiles institutions, monumens éphémères de la piété, et peut-être hélas, de la vanité des fondateurs !.....

Jamais la charité ne fut plus active qu'à cette époque où une fermentation générale entraînoit tous les cœurs vers la bienfaisance. On vit, dans le court espace de quatre années, s'élever à Paris trois hôpitaux considérables, qui conservent encore aujourd'hui les noms de ceux qui les dotèrent. Une foule d'autres maisons de moindre importance, furent fondées dans la capitale et dans les provinces, tanips que MM. Bailly, Tenon, Larochefoucault échauffaient le zèle des amis des pauvres par des mémoires qu'on n'oubliera jamais, où règnent l'intérêt le plus tendre et le savoir le plus étendu.

Ce mouvement se communiqua à toutes les classes de la société. Chacun vouloit se distinguer par un bienfait nouveau. On fit des souscriptions, des abonnemens de toute espèce : on se coalisa, pour ainsi dire, contre la mendicité qu'on cherchoit à dissiper par des moyens peut-être plus propres à l'entretenir qu'à la détruire.

Ce fut dans cette circonstance que les Jeunes Aveugles fixèrent l'attention publique. Quelques Personnes, flattées de trouver une manière neuve de pratiquer le bien, s'empressèrent de les favoriser. Leurs moindres succès grossis par d'enthousiastes protecteurs se métamorphosoient en merveilles : chacun vouloit s'assurer par soi-même de la vérité des prodiges qu'on racontoit. Il faudroit méconnoître les magiques effets de la mode et de la réputation à Paris, pour douter de la vogue qu'eurent les Aveugles : ils devinrent l'objet de toutes les conversations. (1)

Les jeunes Aveugles cherchèrent à mériter les éloges prématurés

____

(1) L'Académie royale de Musique donna un concert à leur bénéfice le 17 février 1786 ; et le 26 décembre de la même année, ils furent admis à l'honneur de faire une exercice devant le Roi et les Seigneurs de la cour.

qu'on leur prodiguoit, et en très-peu de temps, de pauvres enfans, naguère confondus dans la classe obscure des indigens, devinrent les objets d'une admiration méritée. Leurs efforts et leurs succès justifièrent bientôt la dénomination d'*Aveugles-Travailleurs* qui leur avoit été donnée par le public.

Ils furent visités, examinés par les personnes les plus distinguées. On s'empressoit, à l'envi, de leur donner les marques les plus touchantes d'intérêt; mais cet intérêt tout flatteur qu'il étoit, n'auroit eu qu'un bien foible résultat, si une bienfaisance mieux organisée n'eût mis à profit ces ressources.

La Société Philantropique, qui sera long-temps célèbre pour le bien qu'elle a fait, se chargea de l'administration du matériel des aveugles, qu'elle établit en 1784 dans un hôtel rue Notre-Dame-des-Victoires, n° 18. Elle n'a cessé de s'intéresser au sort de ces infortunés jusqu'au moment où Louis XVI ordonna qu'ils seroient entretenus aux frais de l'Etat. Un nouvel élan fut donné à la bienfaisance par les soins de cette Société. M. *De Larochefoucault-Liancourt* obtint, en 1790, du directoire du département, une portion de l'ancien couvent des Célestins, pour y placer les jeunes Aveugles, avec les Sourds-Muets. Ce fut là qu'on se pressoit en foule pour leur apporter tout ce qu'on pensoit leur être utile (1) en hardes et en ustensiles; mais que pouvoient d'aussi foibles secours temporaires pour faire subsister plus de cinquante personnes?

Il avoit été fait depuis 1784 jusqu'à l'année 1790 des dépenses considérables, pour divers essais relatifs à l'instruction, que la Société avoit payées dans l'espoir que les produits des travaux des Aveugles, l'aideroient à recouvrer ses avances comme on le lui avoit fait espérer. L'expérience ne vérifia point ce calcul, au contraire, les moyens de l'établissement s'affoiblissoient tellement, qu'en 1791 il ne pouvoit plus se soutenir par ses propres forces. Les élèves manquoient des choses les plus nécessaires à la vie. C'en étoit fait de

---

(1) Nous devons signaler à la reconnaissance publique, les noms des premiers bienfaiteurs des Aveugles, au rang desquels nous placerons : Mesdames *De Lafayette*, *De Staël*, *Duménil*, *de Planoy*; *Messieurs Des Faucherets*, *Bailly*, etc.

l'Institution et des espérances qu'on avoit conçues d'améliorer la triste situation des Aveugles en les instruisant.

L'intérêt qu'ils avoient inspiré, les succès qu'ils avoient obtenus, fruits de tant de soins, dissipés comme ces lueurs passagères qui rendent l'obscurité plus profonde, nous laisseroient à peine aujourd'hui le souvenir de leur existence, si de promptes mesures n'eussent été prises pour empêcher une ruine totale.

Les choses étoient dans cet état lorsque l'assemblée constituante rendit, le 21 juillet 1791, un décret portant que l'Institution seroit désormais entretenue aux frais de l'Etat, et qu'il seroit annuellement fourni par la trésorerie nationale les fonds nécessaires pour pourvoir à tous ses besoins (1), un réglement provisoire fixa les diverses branches d'administration, et confirma l'arrêté du directoire du

---

(1) La France a, la première, donné à l'Europe l'exemple de la création d'un pareil établissement, dont on ne trouve aucune trace chez les anciens, qui ne connoissoient même pas l'usage des hôpitaux ; car les réserves prescrites par Moïse ; les réfectoires conventuels de Lycurgue ; les lois *Annonaires* du sénat romain, les gérusies de Sparte, dont parle Vitruve, (a) ne ressembloient nullement à nos établissemens hospitaliers d'aujourd'hui. Homère, Thucydide, Hérodote, Hippocrate, ni Plutarque, même, cet observateur si fidèle des mœurs de son temps, n'ont signalé l'existence d'aucun établissement consacré au soulagement de l'infortune et du malheur. St-Jérôme a le premier parlé de ces sortes de maisons, dont M. Mongez croit trouver l'origine en Palestine, vers la fin du troisième siècle, dans ces asiles que de pieuses femmes offroient aux pélerins, qui alloient visiter les saints lieux (b).

Montaigne (c) parle des hôpitaux qu'on entretient soigneusement en Asie pour les animaux. Howard (d) a vu, près de la Mosquée Sainte Sophie, à Constantinople, une salle établie pour des chats auxquels on prodigue toutes sortes d'attentions, tandis qu'on ne trouve pas un seul établissement pour accueillir les Aveugles et les Muets, dans une contrée, où le mutisme et la cécité, sont si communs. Pourrait-on se défendre d'éprouver quelques satisfactions d'être né français, lorsqu'on songe que la plupart des établissemens utiles qui existent aujourd'hui en Europe, ont pris naissance au milieu de nous et ont été naturalisés ensuite chez les étrangers qui les ont imités.

(a) Vid. Vitruve de Gerusiis et hospitalibus.

(b) Voyez Dissertation sur l'antiquité des Hôpitaux, par Mongez, 1780 ; et le savant Mémoire de MM. Percy et Willaume, couronné par la société des Sciences, Belles-Lettres et Arts de Mâcou, le 31 juillet 1812.

(c) Montaigne, Essais, liv. 2, chap. II, de la cruauté.

(d) Howard, establish of humanity, London, in-8, 1787.

de Paris, en date du 20 avril précédent; mais les dispositions régle-
mentaires n'étant ni assez précises, ni peut-être assez bien observées, on résolut, peu après, de séparer l'Institution des Aveugles de
celle des Sourds-Muets, avec laquelle elle avoit été réunie, pendant
plusieurs années : cette séparation se fit en vertu d'une loi du 10
thermidor an 3. Les jeunes Aveugles furent placés dans la maison
des Filles-Sainte-Catherine, rue des Lombards. Le nombre des élèves
fut porté à 86, un par département, et le taux de la pension à 500
francs. Il n'y avoit point alors d'administration ni de commission de
surveillance pour contrôler les opérations : l'économe comptoit
de clerc à maître. Les changemens qui devoient résulter de cette
nouvelle organisation ne furent pas aussi heureux qu'on se l'étoit
promis.

Le Ministre de l'Intérieur prit, le 15 vendémiaire an 9, un arrêté
qui ordonnoit au chef de l'établissement de présenter un projet de
réglement et un plan d'instruction fixe et définitif.

Enfin, le 4 nivôse suivant, un arrêté des Consuls, ordonna que
les Aveugles-travailleurs seroient sur le champ transférés dans l'enclos
des Quinze-Vingts, et la gestion de cet établissement confiée à l'administration de l'Hospice.

Un réglement sage et ferme qui n'avoit que l'inconvénient d'être,
dans beaucoup de parties, commun aux deux établissemens nouvellement réunis, fut donné par le Ministre le 23 ventôse de la même
année.

M. Haüy qui avoit été, jusqu'à cette époque, directeur de l'Institution, se retira, et il lui fut accordé sur les fonds de l'établissement
une pension de retraite de 2000 fr, qui lui a toujours été payée
depuis.

Les jeunes Aveugles, sous la dénomination d'Aveugles de deuxième
classe, ont été, par suite de ce déplacement, confondus, pendant qua-
torze années, avec les pauvres, hébergés dans l'hôpital des Quinze-
Vingts, quoiqu'il n'existât entr'eux d'autres rapports que l'identité
d'infirmité (1). Le premier de ces établissemens est un Hospice où l'on

---

(1) Ceci est extrait de l'ouvrage que je viens de publier sur l'instruction des Aveugles.

peut être admis, à toutes les époques de la vie, sans être né aveugle, où chaque individu vit privément; tandis que l'autre est un véritable collége consacré à l'instruction de sujets nés aveugles et qu'on y entretient, pendant un temps limité, vivant en commun, soumis à des réglemens généraux, et auxquels on enseigne à gagner leur vie par le travail, lorsqu'après un séjour de huit années dans l'Institution, ils sont rendus à la société.

On ne peut qu'applaudir au zèle de l'administration des Quinze-Vingts, et aux efforts qu'elle a faits pour améliorer le sort des jeunes Aveugles, pendant tout le temps qu'elle a été chargée des intérêts de l'Institution. Mais un obstacle toujours renaissant, indestructible, s'opposoit au bien, et cet obstacle résultoit de l'incohérence des deux établissemens réunis. Chaque jour, la dégénération étoit sensible; les réglemens étoient tombés en désuétude; les jeunes Aveugles demeuroient oisifs une très-grande partie de la journée; l'étude de la musique étoit presque leur unique occupation, depuis qu'on ne les appliquoit plus aux travaux manuels et qu'il ne leur étoit fait que deux leçons par jour.

Tout enfin annonçoit, une troisième fois, la ruine prochaine d'un établissement qui, quelques années auparavant, avoit excité un intérêt général. Pénétrée de la nécessité d'habituer, de bonne heure, au travail des enfans qui, la plupart appartiennent à des parens pauvres, l'Administration chercha à les employer utilement dans deux manufactures de drap et de tabac, qu'elle établit en 1806, dans l'enclos de l'Hôpital pour les Aveugles de première classe et les individus clairvoyans de leurs familles; mais des pertes considérables obligèrent bientôt à renoncer à ces deux entreprises qui ne remplissoient nullement les intentions charitables de l'Administration : au très-grand inconvénient attaché au rapprochement des vieux avec les jeunes Aveugles, se joignoit l'inutilité d'un travail qui ne devoit jamais leur être profitable, puisqu'ils y concouroient seulement comme aides sans apprendre dans toutes ses parties, un état qu'ils pussent ensuite exercer au dehors pour exister.

Le 8 février 1815, le Roi, en ordonnant que l'Hôpital seroit replacé sous la direction du grand Aumônier de France, ordonna aussi que l'Institution seroit séparée de cet hôpital, conservé dans les attributions du Ministère de l'Intérieur, et qu'elle seroit désormais régie et gouvernée par une administration spéciale.

Cette translation, retardée par les événemens de 1815, s'est effectuée le mardi 20 février 1816, et l'Institution se trouve aujourd'hui placée dans l'ancien séminaire Saint-Firmin, rue Saint-Victor, n° 68.

L'indispensabilité de séparer les sexes, rendoit difficile le choix d'un local : après en avoir examiné un très-grand nombre, et avoir hésité entre l'hôtel de Lorges, rue de Sèvres, et l'ancien collége Saint-Firmin, rue Saint-Victor, on se détermina pour ce dernier, dont les distributions parurent convenir davantage, et où il y avoit moins de dépenses à faire.

Cette maison, qui ne pouvoit être acquise, fut louée moyennant la somme de 7,500 fr. par année. Une décision ministérielle en date du 24 août 1815 approuva les conditions du bail qui fut passé le 4 septembre suivant, par MM*. Cherrier et Laudigeois, notaires.

Un architecte, nommé par le Ministre, fut chargé de faire avec économie les réparations nécessaires, et mettre le local en état de recevoir les jeunes Aveugles. On se servit des matériaux provenant des démolitions, il ne fut fait aucune construction nouvelle, on se borna aux choses urgentes.

Ces travaux, dont les devis successifs furent approuvés, commencèrent le 10 octobre et, retardés par la rigueur de l'hiver, ils ne furent terminés qu'au mois de mai suivant.

La maison St.-Firmin avoit servi autrefois de séminaire, il fallut lui donner une destination nouvelle ; les cloisons qui divisoient les cellules furent abattues pour former de vastes dortoirs, aérés par de larges croisées, ouvertes jusqu'au niveau du sol, au nord, au levant et au couchant. Les lits, rangés sur quatre lignes, s'y trouvent placés, a une distance de quatre pieds, l'un de l'autre, en sorte que la quantité d'air à respirer pour chaque élève est d'environ huit toises cubes, et dans le dortoir des filles où la proportion des lits est moindre, sur une étendue égale, de près de neuf toises cubes.

A l'extrémité des dortoirs communs on a réservé des dortoirs particuliers et séparés, pour les pensionnaires payans, dans lesquels couchent des surveillans.

Au premier étage on a pratiqué sept ateliers, dans lesquels la surveillance s'exerce à la fois, au moyen d'ouvertures en ogives demi-circulaires, qui établissent une communication générale. Vis-à-vis les ateliers, se trouvent les classes qui n'en sont séparées que par une balustrade et un large corridor, qui sert de promenoir, pendant les récréations, et à l'extrémité duquel sont les latrines.

La distribution est la même pour le local habité par les filles, dont le service se fait par un escalier particulier. La lingerie et l'infirmerie des garçons sont placées au troisième étage de la partie du bâtiment qui fait face à la rue. Toutes les femmes attachées au service de l'Institution habitent séparément cet étage. Le quatrième a été en totalité réservé pour loger les hommes. Les bureaux de l'agent comptable, son logement et celui du deuxième instituteur sont au second. La salle du conseil et la bibliothèque sont au premier. Le reste de cet étage est occupé par le directeur, qui, placé au centre du bâtiment, peut, depuis son cabinet, inspecter toute la maison.

Au rez de chaussée, un très-beau vestibule, orné des bustes des Aveugles célèbres, précède la salle des exercices publics, et sert de promenoir aux élèves, pendant l'hiver. Un grand poêle qui y est placé, échauffe à la fois cette pièce, et le réfectoire qui est à côté Les réglemens de l'Institution sont constamment placardés dans ce vestibule, où l'on a exposé, pour satisfaire la curiosité des visiteurs, des échantillons des travaux des Aveugles.

La salle des exercices publics qui servoit autrefois de réfectoire aux séminaristes a été disposée pour sa nouvelle destination. Sa forme est celle d'un parallélogramme allongé ; des gradins disposés à l'entour permettent d'y placer deux cent-cinquante spectateurs, non compris l'espace réservé pour l'orchestre des élèves et le bureau des administrateurs.

Cette salle qui est très-bien éclairée au midi, a été peinte en marbre de Sienne ; décorée de bas-reliefs incrustés dans le mur. Près delà, se trouve le réfectoire, dans une longue galerie, qui servoit anciennement à établir communication entre les deux escaliers , dont l'un sert aujourd'hui aux garçons, et l'autre aux filles ; quatre longues tables peintes en noir, sont placées à égales distances sur la même ligne ; dans ce réfectoire , au milieu duquel se trouve la chaire où se place le surveillant, chargé de faire lecture pendant le repas.

Il n'a pas été possible de trouver ailleurs un espace libre pour faire un réfectoire aux filles : elles ont mangé , jusqu'à présent , dans celui des garçons, ce qui retarde , d'une demi-heure , les repas de ces derniers. On ne sert qu'après que les demoiselles sont sorties , afin qu'elles ne s'y rencontrent pas avec eux.

Cet inconvénient et beaucoup d'autres disparoîtront , si l'on acquiert un bâtiment contigu , dans lequel on établiroit un réfectoire et une infirmerie pour les filles , qu'on est obligé de conserver maintenant malades dans leurs dortoirs.

Une cour , située au couchant , égale en longueur au réfectoire , a été planchéiée , couverte en vitraux pour en faire un atelier de tisseranderie, où l'on a pu placer douze métiers. Cet atelier qui est insuffisant pour le grand nombre d'élèves qu'on applique à la fabrication de la toile , seroit agrandi par l'une de ses extrémités , de 26 pieds de longueur sur 10 de largeur , si l'on acquéroit l'aile , en retour dont il a été parlé ci-dessus.

Un autre atelier de tisseranderie , contenant cinq grands métiers , propres à faire des toiles en six quarts , a été établi au rez de chaussée , dans une vaste pièce , où l'on avoit eu d'abord le projet de faire la cuisine , qui a été placée dans les caves qui sont suffisamment éclairées.

Près de l'escalier de la cuisine , il a été fait un réfectoire particulier , où tous les employés , ayant droit à la nourriture , sont servis et mangent à la fois, à la même heure , ce qui apporte une très-grande économie dans la consommation des comestibles , et évite une perte considérable de temps.

La pièce qui précède ce réfectoire est une salle , appelée le *Casier* , entourée de rayons à compartimens , distingués par des numéros , correspondans avec ceux de la lingerie , du vestiaire et des lits, sert à déposer les cassettes des élèves auxquels il est défendu d'en placer sous leurs lits, dans les dortoirs.

La Chapelle a été provisoirement placée dans une pièce beaucoup trop petite et trop éloignée du grand corps des bâtimens. Il y a été construit une tribune à laquelle les filles arrivent, par un escalier particulier. Ce local est destiné à l'atelier de Vannerie, lorsqu'on aura pu transporter la Chapelle dans un lieu plus convenable.

Les trois ailes du bâtiment sont éclairées sur une grande cour carrée, pavée dans toute son étendue, et dans laquelle stationnent les voitures, les jours d'exercices publics.

L'écurie, la remise, les salles de bains et les magasins sont dans cette cour; une grille les sépare de l'ancien jardin qui a été divisé en deux promenoirs; le plus grand est à l'usage des garçons, et celui du fond à l'usage des filles. Ces deux promenoirs sont séparés l'un de l'autre, latéralement par des murs, et dans le fond par des barrières à claire-voie, entre lesquelles il y a un espace vide, d'environ quinze pieds, pour empêcher toute communication. Ces deux promenoirs, qui sont suffisamment spacieux, sont plantés de hauts tilleuls qui les *sanifient*, et leur donnent, en même temps, un aspect fort agréable.

Tous les besoins sont satisfaits dans cette maison, qui, sans être fort vaste, a été heureusement distribuée pour le service; il seroit à désirer, qu'après l'avoir acquise, on pût l'augmenter assez, pour faire une chapelle, un réfectoire pour les filles, et deux infirmeries. Quand les moyens de l'Institution le permettront, deux dépenses seront indispensables.

1° La construction d'un bassin au deuxième étage, avec des tuyaux de conduite pour amener l'eau dans les différentes parties de la maison, où elle est nécessaire. Les frais d'établissement seroient bientôt compensés par l'économie, de près de 300 francs, que coûte annuellement l'achat et le transport de l'eau potable.

2° L'élévation des latrines jusqu'au deuxième étage, afin que les filles n'aient plus à descendre du quatrième au premier, et qu'elles ne soient pas aussi rapprochées des garçons, desquels elles ne sont actuellement séparées, que par une cloison en planches. On aura aussi à élever les tuyaux qui servent à donner issue aux gaz qui s'élèvent de la fosse d'aisance, et à fermer les ouvertures, du côté de l'intérieur, par des portes battantes, semblables à celles qu'on a construites récemment dans les salles de l'Hôpital de la Charité.

A l'aide de ces améliorations, la maison, qui est remarquable par sa tenue, la facilité des communications et la propreté qui y règne, sera parfaite, sous le double rapport de la facilité du service et de la salubrité.

Tout étoit à refaire après la translation, tant pour le matériel que pour l'instruction ; mais la chose la plus urgente étoit la réorganisation morale de l'Institution.

Changer de local, sans changer de mœurs ; admettre de nouveaux sujets, sans avoir préalablement renvoyé ceux dont la présence étoit inutile, eût été plus dangereux qu'utile. Il fallut donc se déterminer à un douloureux sacrifice ; il fallut rendre à leurs familles un très-grand nombre d'élèves, malheureux dépositaires de l'esprit d'insubordination et de licence qu'ils avoient puisé dans leur première demeure, et dont la tradition auroit été conservée par eux.

Quarante-trois élèves sortirent des Quinze-Vingts, et n'entrèrent point à Saint-Firmin (1). Cette oblation désorganisa les différentes parties de l'enseignement, mais le zèle des instituteurs surmonta tous les obstacles ; ils travaillèrent avec empressement à former de nouveaux élèves, et le succès couronna leurs pénibles efforts : tout est réparé, au moment actuel : les classes sont remplies de sujets qui se distinguent par leur aptitude ; il en est même plusieurs qui font déjà, aux exercices publics, l'étonnement et l'admiration des visiteurs.

____

(1) Sur ce nombre, cinq ont été admis dans l'Hôpital des Quinze-Vingts ; deux à Bicêtre ; trois à la Salpêtrière ; douze ont obtenu du grand Aumônier la pension de 150 francs accordée aux externes ; sept qui étoient voyans gagnent leur vie comme tels, et les autres se sont retirés dans leurs familles.

DEUXIÈME PARTIE.

PREMIÈRE SECTION.

Du Réglement général et des Études.

Le besoin le plus pressant, après la translation, étoit celui d'un réglement sage, ferme, et propre à empêcher la régénération des abus; qui déterminât, d'une manière imprescriptible, les devoirs des chefs et des subordonnés, et rendît faciles, pour les uns, l'exécution de la règle, et pour les autres les moyens de la faire observer.

Le Ministre avoit désiré que le nouveau réglement, soumis à son approbation fut calqué sur ceux des grands établissemens de la capitale ; à cet effet on consulta, pour le rédiger, les statuts des maisons de Bicètre, de Charenton, des Quinze-Vingts, des Sourds-Muets ; et l'on prit dans les anciens réglemens de l'institution, ce qui parut pouvoir être conservé ; on tâcha de concilier ce qui est dû à des êtres malheureux par la privation d'un sens précieux, avec ce que la justice et la prudence réclament pour maintenir le bon ordre dans une famille nombreuse, où il falloit, sans transiger avec le mal, établir de suite une prompte réforme.

A l'imitation des articles 6 et 9 du chapitre 3 du réglement, arrêté le 23 ventôse an 9 par le Ministre de l'Intérieur, où des punitions sévères étoient, dans des circonstances graves, infligées aux délinquants ; on évalua les manquemens en variant les punitions selon l'exigence des cas ; parce qu'il est bien démontré que les Aveugles ne sont pas comme les autres hommes, susceptibles d'être contenus par des démonstrations extérieures, et que ne pouvant apprécier que les extrêmes des choses, ils ne peuvent connoître la justice que par ses effets.

Un gouvernement paternel et juste a donc remplacé le régime versatile et foible, qui, pendant si long-temps, a empêché le bien de s'effectuer.

La confusion des sexes est aujourd'hui soigneusement interdite : on ne favorise point, comme autrefois, les mariages entre Aveugles, et il n'est plus souffert, dans l'Institution, de ménages, sources continuelles de discorde et de mésintelligence.

Les travaux et les dépenses sont définitivement fixés par ce réglement qui ne laisse d'autre soin, que d'en maintenir l'exécution. Deux ans d'expérience ont permis d'apprécier la sagesse qui a présidé à sa rédaction, puisque fidèlement observé dans toutes ses parties, il est, depuis cette époque, continuellement exposé aux regards du public et des employés, sans qu'il se soit élevé aucune réclamation.

L'enseignement a éprouvé, plus immédiatement que les autres parties, les bons effets des réglemens nouveaux : les élèves ont été répartis dans des classes, où, depuis 7 heures du matin, jusqu'à 8 du soir, il leur est fait des leçons; la variété des études n'en trouble point l'ordre, parce que la surveillance la plus active préside aux moindres manœuvres. Les élèves sortent d'une classe pour entrer dans une autre, où ils trouvent dans des travaux faciles un délassement aux occupations pénibles qui ont précédé.

Mais dans aucun cas, les élèves ne peuvent circuler dans la maison sans être munis d'une médaille délivrée par le surveillant, laquelle porte en relief le numéro qui se trouve répété sur tous les objets dont ils ont l'usage au réfectoire, au dortoir, à la lingerie, au vestiaire, au *casier*, etc., etc.

Les plus anciens de nos élèves actuels, n'ont pas plus de dix-huit mois de séjour à l'Institution, ce sont cependant ces jeunes enfans qui composent actuellement notre orchestre; qui répondent aux questions qu'on leur fait, aux séances publiques, sur la grammaire, l'histoire et les mathématiques; qui y expliquent avec intelligence et facilité les auteurs grecs et latins, et traduisent des poëtes anglais et italiens.

Nous avons eu le bonheur d'exciter une émulation telle parmi eux, que la plus grande privation qu'on puisse leur infliger aujourd'hui est de les empêcher d'employer à l'étude, le temps qui leur est accordé pour la récréation : nous sommes même fréquemment obligés d'interposer l'autorité pour nous opposer à ce qu'ils se livrent à l'étude avant l'heure indiquée par le réglement.

On s'étoit borné, dans l'origine de notre institution, à apprendre aux Aveugles, la lecture, l'écriture, la grammaire française et la géographie (1); les langues n'y étoient point enseignées. Ce n'est que bien postérieurement qu'on crut pouvoir leur en donner la connoissance. On commença par l'étude de la langue latine; mais quel dédale, quel vague, pour des enfans privés de la vue, que le choix des mots, dans un dictionnaire dont ils ne pouvoient se servir que par la voie d'un intermédiaire !.... Cependant ils apprirent ainsi, aidés des foibles secours de maîtres aussi inexpérimentés qu'eux, à traduire quelques morceaux élémentaires; mais ils furent bientôt arrêtés, et l'on comprit alors qu'ils ne pouvoient être instruits comme les enfans ordinaires; qu'il falloit proportionner l'enseignement à l'infirmité.

Voilà où remonte pour nous la naissance de l'enseignement mutuel qu'on s'est plu, depuis deux ans, à désigner sous le nom de Méthode de Bel ou de Lancaster, quoiqu'elle n'appartienne pas plus à l'un qu'à l'autre, et quelle nous vienne, selon toutes les apparences, des Indiens.

Cette méthode, qui est simple et naturelle, nous avoit toujours paru la meilleure, et nous nous en servions depuis loug-temps, lorsqu'on en fit les premiers essais publics.

Il nous est démontré qu'il seroit impossible d'instruire des Aveugles réunis, de leur apprendre quoique ce soit, mais spécialement les langues, sans le secours de l'enseignement mutuel : nous n'avons introduit ni les récompenses vénales qui éteignent les sentimens généreux, ni les punitions humiliantes qui compriment l'émulation, ni ce désir de la primauté qui dégénère si facilement en orgueil, et, sous ce rapport, notre méthode tient peut-être moins au système de Lancaster qu'à celui de Pestallozzi.

____

(1) Ils n'étoient pas, à beaucoup près alors, aussi avancés qu'ils le sont aujourd'hui, dans la musique, la composition, le chant, etc. puisque ce n'est que depuis 1806 qu'il y a un orchestre organisé dans l'Institution; antérieurement à cette époque, le service de la musique étoit fait, le jour des exercices publics, par de vieux Aveugles de l'Hôpital.

Nous préparons nos élèves à l'étude des langues, en confiant de bonne heure à leur mémoire de courtes phrases formant un sens; nous avons fait pour eux une espèce de *phraséologie*, où tous les mots, distribués par familles (à peu près comme dans les sphères de Pestallozzi), viennent se classer naturellement, ainsi que les combinaisons, les dérivés les plus usuels, les alliances des mots entr'eux, etc, etc. Nous nous sommes bien gardé d'abuser de la mémoire de nos élèves, en leur faisant retenir des listes de mots.

Nous avons adopté, pour la traduction des langues, l'usage des méthodes interlinéaires; celles dont nous nous servons pour le latin, sont de M. Frémont, instituteur distingué : elles joignent à une grande fidélité dans la traduction du texte, l'avantage d'être éclairées par de très-bonnes notes. Le mot latin y est traduit par le mot français correspondant qui se trouve au-dessous; en troisième ligne vient ce qu'on appelle ordinairement le bon français; en regard, le texte pur; au-dessous du texte, la traduction littérale; et au-dessous de la traduction, les notes et les explications. Il est impossible de trouver rien de plus exact et de plus philosophique que ce travail, dont l'efficacité est constatée par les succès rapides de nos élèves.

Damarsais, qui, le premier, traduisit les auteurs latins interlinéairement; Rollin, lui-même, Radonvilliers et tous les grammairiens célèbres qui ont paru depuis, ont manifesté le désir de voir l'usage de ces traductions se généraliser. En effet, pourroit-on mettre trop de soin à éviter à l'enfance des larmes et des chagrins inutiles, et sur toutes choses, la perte d'un temps précieux, qu'on peut employer si fructueusement à cet âge ?

Nous avons fait l'application de cette méthode à l'étude du grec ; mais comme il n'y a point encore d'auteurs traduits interlinéairement, mon collaborateur, M. Dufau en se servant des caractères vulgaires, comme MM. Danse, de Villoison, Gail et Lefèbvre de Villebrune l'ont conseillé, a fait des traductions partielles sur nos planches à composition : quoique long et pénible, ce travail a eu pour résultat de faire entendre parfaitement à nos élèves, au bout de quelques mois d'étude, Ésope et Anacréon, qu'ils traduisent aujourd'hui avec facilité aux exercices publics.

Le même procédé est mis en pratique pour l'étude de l'anglais et de l'italien, ne pouvant retirer aucun secours des traductions de Luneau-de-Bois-Germain, qui sont très-incorrectes.

La prononciation anglaise met quelquefois, je l'avoue, notre méthode en défaut; mais ces contre-temps excitent notre émulation, et rarement quittons-nous nos élèves sans avoir été compris. Nous devons rendre justice à leur aptitude, à leur pénétration, qui sont telles, que certains d'entr'eux, saisissent si parfaitement la manière d'un auteur, dès les premières pages, qu'ils l'expliquent ensuite d'un bout à l'autre, presque sans aucun secours.

Deux instituteurs et une institutrice suffisent à l'enseignement de quatre-vingts élèves, auxquels on apprend la lecture, l'écriture, la langue française, la latine, la grecque, l'anglaise et l'italienne; la géographie, l'histoire, les mathématiques transcendantes, la musique vocale et instrumentale dans toutes ses parties.

Un si grand nombre d'élèves instruits, nous osons le dire, avec quelque distinction, par trois personnes, peut bien servir à faire l'éloge de l'enseignement mutuel : nous ajouterons que cet enseignement est ici philosophiquement dirigé; nous avons banni tout ce qui nous a paru n'être pas approprié aux besoins et à l'infirmité de nos élèves, pour n'adopter que l'esprit de la méthode perfectionnée par l'observation et l'expérience; nous tenons les premiers fils, et six professeurs, pris parmi les élèves les plus distingués, sont chargés de transmettre à leurs camarades, la tradition qu'ils tiennent directement de nous : on choisit parmi ceux que les professeurs instruisent, les sujets les plus avancés pour en faire des répétiteurs; et enfin, dans le nombre de ceux qui reçoivent l'instruction des répétiteurs, on fait des semainiers qui, trop peu exercés pour régenter long-temps, ne sont en fonctions que huit jours; ainsi, depuis celui qui lit Tacite, jusqu'à celui qui commence à balbutier les premières séries de la *phraséologie*, tous sont professeurs et maîtres, et tous avancent à pas de géant vers le but qu'ils ont sans cesse devant eux. Voilà, je crois, quelque nom qu'on lui donne, le véritable enseignement mutuel.

———

DEUXIEME SECTION.

Des Travaux manuels.

Les travaux manuels sont la partie la plus importante de l'éducation des Aveugles, puisque c'est par l'exercice d'une profession mécanique qu'ils peuvent gagner leur vie ; c'étoit cependant la plus négligée de toutes les branches de l'enseignement, lorsque nous en fûmes chargés.

Nous n'avons rien négligé, depuis la translation, mes honorables collègues et moi, pour donner aux travaux manuels toute l'extension dont ils nous ont paru susceptibles dans le nouveau local que nous habitons.

Nous nous sommes empressés de détruire un préjugé qui existoit parmi les Aveugles sur certaines professions qu'ils regardoient comme avilissantes, préjugé qui avoit pris sa source, sans doute, dans l'orgueil et l'oisiveté, et qui avoit fait partager les élèves en trois castes : celles des savans ou lettrés, celle des musiciens, et celle des ouvriers.

Les savans se dispensoient de l'étude de la musique ; les musiciens se dispensoient de l'étude des travaux, et les ouvriers ne faisoient rien.

Il n'existe plus aucune trace de ces distinctions nuisibles, depuis que, débarrassés des sujets qui entretenoient l'esprit de rébellion et de désordre, nous avons pu faire une fusion de tous les élèves qui fréquentent alternativement aujourd'hui, avec le même goût, selon que le réglement l'indique, les classes et les ateliers.

Aucun élève n'est dispensé de l'étude de la musique ; elle est pour tous un délassement fort agréable, et pour quelques-uns un moyen auxiliaire de gagner leur vie, après leur sortie de la Maison. Tous les instrumens connus leur sont enseignés. Nous avons acquis cette année, et placé dans la chapelle un orgue, qui facilite les moyens d'apprendre l'harmonie et la profession d'organiste à ceux qui se retirent dans les villes : on enseigne de préférence le plain chant et le serpent à ceux qui doivent habiter des villages, ou être chantres dans des paroisses.

Le métier de tisserand, étant un de ceux qui convient le mieux aux Aveugles, nous nous sommes déterminés, après quelques essais faits en 1815, par nos élèves à la filature des Hospices, à acheter dix-huit métiers, avec lesquels, dirigés par un contre-maître exercé, ils confectionnent de la toile pour le service de l'établissement, et pour le compte de l'Administration des Hôpitaux, qui la fait faire à façon ; ils ont même réussi, depuis peu, à tisser du coton très-fin en couleurs variées.

Voici l'État des Toiles fabriquées à l'Institution, pendant les trois derniers trimestres de 1816 (1), leur emploi et leur valeur.

NOMBRE des PIÈCES.	AUNAGE.	LARGEUR.	TORCHONS.	TABLIERS de CUISINE.	CHEMISES D'HOMME.	CHEMISES DE FEMME.	Mouchoirs.	Draps.	Évaluation en argent. fr.	c.	TOTAL par PIÈCE. fr.	c.	TOTAUX. fr.	c.
I	37	[illegible]	45						»	75	33	75	33	75
I	37	[illegible]						7	7	«	49	«	49	«
I	41	[illegible]		2					»	75	1	50	50	50
I	37	[illegible]						7	7	«	49	«		
I	37	[illegible]	18						«	75	13	50	48	8
I	36	[illegible]		26					1	33	34	58		
I	37	[illegible]	8						«	75	6	«	51	22
I	40	[illegible]		34					1	33	45	22		
I	60	[illegible]			22				5	«	110	«	110	«
I	40	[illegible]	42						«	75	31	50	31	50
I	65	[illegible]			15				5	«	75	«	75	«
2	74	[illegible]				28			5	«	140	«	140	«
I	11	[illegible]			20				5	«	100	«	100	«
I	39	[illegible]			32				5	«	160	«	160	«
I	37	[illegible]			26				5	«	130	«	130	«
I	38	[illegible]					17		«	85	14	45	14	45
								22	7	«	154	«	154	«
17	666		113	62	115	28	17	36					1147	50

On peut voir, par ce résultat, d'une première année, que ce n'est pas sans fondement qu'on avoit espéré trouver dans la tisseranderie une ressource utile pour les Aveugles, et un bénéfice pour l'établissement.

(1) La translation de l'établissement n'ayant eu lieu que le 20 février 1816, les travaux de la tisseranderie n'ont pu être en activité qu'au mois d'avril suivant.

ÉTAT des Toiles fabriquées à l'Institution, pendant l'année 1817, leur emploi et leur valeur.

NOMBRE des PIÈCES	AUNAGE	LARGEUR	TOILE à MATELAS	TABLIERS de CUISINE	ESSUIE-MAINS	CHEMISES D'HOMMES	CHEMISES DE FEMME	Mouchoirs	Draps	Évaluation en argent fr.	c.	TOTAL par PIÈCE fr.	c.	TOTAUX fr.	c.
1	37 1/4	2/3		41						1	50	61	50	61	50
2	74	1/2				32				7	«	224	«	224	«
1	37 1/4	2/3					17			5	«	85	«	85	«
2	75 1/2	3/4			2					1	«	2	«	86	«
									12	7	«	84	«		
1	37	1/2					18			5	«	90	«	90	«
2	66	1/2							12	7	«	84	«	84	«
1	37	1/2				10				7	«	70	«	130	«
							12			5	«	60	«		
1	28	2/3				10				7	«	70	«	110	«
							8			5	«	40	«		
2	43	2/3	43 aunes.							1	50	64	50	64	50
2	53							117		«	85	99	45	99	45
15	488		43	41	2	52	55	117	24					1034	45

Il a été fabriqué en outre pour le chapelier de l'Institution et à valoir sur ce qu'il lui est dû pour fournitures aux élèves,

1°. 43 aunes et ½ de toile d'une aune de large, estimée l'aune à...... 2 25...	97	87
2°. 11 aunes en ¾ à.. 2 « ...	22	«
et pour la filature des Hospices 14 pièces de toile qui ont produit..........	270	75
	1425	7

La sparterie, qu'on avoit abandonnée depuis quinze ans, n'est pas moins avantageuse aux Aveugles ; elle a été reprise avec beaucoup de succès dans toutes ses parties ; elle occupe maintenant trois ateliers, où se confectionnent des tapis en paille, en jonc, en peluche d'Espagne ou jonc de mer, dit gazon, ainsi que des chaussons de laine, en lisière de drap, en peau et en fourrures diverses.

Un jour, nous l'espérons, cette partie des travaux manuels pourra devenir très-lucrative, si nous parvenons à obtenir la préférence pour la fourniture des Maisons Royales et des Ministères.

Nous regrettons vivement que la nécessité de diviser la cour en trois parties, pour en faire des promenoirs, nous ait privé d'avoir, dans l'intérieur de l'établissement, un atelier de corderie; et nous ait obligés à envoyer nos élèves travailler à celles qui sont sur les boulevards du Midi.

La suppression de l'imprimerie des Aveugles a enlevé à l'Institution un revenu considérable, et aux élèves un moyen d'existence assurée, par l'apprentissage de l'état d'imprimeur, dans lequel ils réussissent parfaitement, et que nous sommes forcés aujourd'hui de leur faire apprendre au dehors; mais, aussitôt que par l'acquisition de la maison que nous occupons, on pourra donner de l'extension au local, nous ne négligerons rien pour faire jouir les Aveugles d'un avantage dont ils n'auroient jamais dû être privés.

C'est par le tricot que débutent tous les jeunes élèves; il est rare qu'au bout de quelques mois, ils ne soient pas en état de tricoter sans secours; ils suffisent presque seuls, aidés des filles qui sont chargées du tricotage en laine, à l'approvisionnement et à l'entretien des bas.

Tous les autres métiers ont reçu aussi des perfectionnemens : le filet, les bourses de soie, les ouvrages au boisseau, la filature, etc., sont beaucoup mieux faits aujourd'hui qu'ils ne l'étoient anciennement, et nous suffisons à peine à confectionner ce que les visiteurs étrangers nous demandent.

Les heureux résultats obtenus jusqu'à ce jour dans les travaux, dont la pratique est nouvellement introduite, nous font espérer que nous pourrons un jour réaliser les vœux des premiers bienfaiteurs des Aveugles, qui vouloient les soustraire à la misère, en leur fournissant les moyens de pourvoir eux-mêmes, par le travail, à leur existence.

TROISIÈME PARTIE.

MATÉRIEL.

La nécessité d'une réforme totale se faisoit aussi impérieusement sentir dans le matériel que dans l'instruction ; la nourriture des élèves, les divers détails relatifs à leur santé étoient autant d'objets dignes de fixer l'attention ; mais il falloit, pour l'opérer d'une manière durable, cette réforme bienfaisante, régler les attributions de l'agent, afin d'éviter l'empiétement, qui, dans beaucoup d'établissemens, fait naître, entre le directeur et l'agent, des discussions qui nuisent au bien du service.

On les évita, en donnant au directeur, par l'article 9 du titre 2 du réglement, la surveillance générale de tous les employés subordonnés à l'Administration dont il fait partie, et le contrôle spécial des opérations. L'agent, remplissant à la fois les fonctions de caissier et de payeur, a été obligé, pour assurer à l'Institution la garantie des fonds qu'il a entre les mains, de fournir un cautionnement de 4,000 francs, qui est déposé à la caisse du Mont de Piété.

La conservation et la garde de tous les effets lui est confiée ; il est chargé de dresser annuellement, et de faire dresser par ceux qui sont comptables envers lui, un inventaire du mobilier appartenant à l'Institution, lequel est, après vérification, arrêté par l'Administration, et soumis, avec le compte, à l'approbation du Ministre.

Une somme de 50,000 francs, comprise dans le budget du Ministère de l'Intérieur, suffit, avec environ 9,600 francs, produit net de la location de la Maison Sainte-Catherine, occupée anciennement par les Aveugles, à toutes les dépenses de l'Institution, qui se sont encore augmentées, depuis la translation, de la somme de 10,300 francs : 1° pour le loyer de la maison que nous occupons actuellement ; 2° le traitement d'un agent, qui autrefois étoit commun avec l'Hôpital ; 3° les frais du culte et le traitement de l'Aumônier qu'on ne payoit pas aux Quinze-Vingts, où l'on donnoit seulement, pour les catéchismes, une indemnité aux Vicaires de la paroisse.

REVENUS de l'Institution royale des jeunes Aveugles, séparée des Quinz[e]-Vingts, par ordonnance du Roi du 8 février 1815; SAVOIR :

NATURE DES REVENUS.	SOMMES perçues et applicables à l'exercice 1816		TOTAUX.		OBSERVATIONS.
	F.	C.	F.	C.	
REVENUS FIXES.					
aison rue des Lombards, louée 13,600 fr., année 1816	13,600	»			D'après l'ordonnance du 8 février 1815, l'Institut a dû jouir de ces revenus, à compter de cette épo[que] les circonstances ont retardé la séparation, l'agent touche les loyers de la maison qu'à compter du 1 octo[bre] 1815; les loyers antérieurs l'ont été par le trésorier Quinze-Vingts, qui a remis à l'agent la somme de 4765 26 c. portée ci-contre en vertu de la lettre de son Exc[el]lence le Ministre de l'Intérieur du 20 mars 1816, num[é]rotée 6551.
ois mois du 1 octobre au 31 décembre 1815, perçus par l'agent de l'Institution.	3400	»	21,765	26	
oyers antérieurs perçus par le trésorier de l'Hospice des Quinze-Vingts, à la déduction des contributions et réparat. .	4765	26			
nds accordés par le gouvernement.	50,000	»			L'ordonnance du 8 février 1815 a accordé annuellem[ent] 50,000 fr. à l'Institution, son Excellence le Ministre l'Intérieur avoit réduit pour 1816 cette somme à ce portée ci-contre, d'après la réduction qui avoit eu l[ieu] dans le nombre des élèves lors de la séparation; m[ais] le Roi a daigné lui rendre sur ses fonds privés, la som[me] de 10,000 fr. pour l'exercice 1816, et son Excelle[nce] a accordé celle de 50,000 fr. pour 1817.
	40,000	»	62,353	71	
cu pour six mois de loyer d'une boutique dépendante de la maison occupée par l'Administration, du 1 octobre 1815, au 1 avril 1816, à raison de 375.	187	50			
uf mois du 1 avril 1816 au 1 avril 1817.	262	50	456	45	La réduction de ce loyer provient de ce que l'on a ret[iré] une chambre au locataire.
rtes et fenêtres de la dite location.	6	45			
tion sur le Mont de Piété de 340 fr. dont il n'a été perçu en 1816 pour intérêts échus le 31 mars 1816, que.	132	»			La reconnoissance de cette somme étoit au profit l'Hospice des Quinze-Vingts, qui, le 31 mars 1816, a fait faire la conversion au profit de l'Institution; intérêts alors échus, n'ont monté qu'à ladite somme 132 fr.
REVENUS VARIABLES.					
ours accordés par le Roi à l'Institution en 1816.	10,000	»			
duit des travaux des jeunes Aveugles. . .	350	56			Ces travaux sont indépendans de ceux de la tisseran[de]rie, dont il sera fait un état particulier.
sions des jeunes élèves perçues en 1815 par le trésorier les Quinze-Vingts	825	»			Cette somme a été remise à l'agent, en vertu de lettre de son Excellence le Ministre de l'Intérieur c[i]-dessus relatée.
sions desdits élèves et de eux admis en 1816 . . . . ,	2350	»	14,005	56	
emnités payées par des élèves ratuits pour tenir lieu de trousseau. . . .	405	»			
te aux lettres placée à l'Institution en, Mars 1816, indemnité ccordée par l'Administration, ommençant du 1 avril.	75				Le produit de cette indemnité a été abandonné a[u] concierge.
RECETTES EXTRAORDINAIRES.					
ation de 100 fr. par le Docteur Wiliams à l'Institution our placer en rente sur l'état.	100	«	100	«	Cette somme ne figure ici que pour ordre, n'ayant p[u] être employée en dépense, et sera reportée à l'exercice 1817.
pitu- { Revenus fixes. . . . . . 62,353 71 } {Revenus variables. . 14,005 56 }			76,450	27	

DÉPENSES DE L'INSTITUTION.

NATURE DES DÉPENSES.	SOMMES PAYÉES.	c.	OBSERVATIONS.
Loyer de la maison occupée par l'Institution depuis le 1 octobre 1815, jusqu'au 31 décembre 1816, ce qui fait quinze mois à raison de 7,500 fr. par année.	9375	«	
Habillement des élèves.	1987	«	La tisseranderie a déjà fait, pour 1816, une partie du linge nécessaire à l'établissement.
Achat de linge neuf.	«	«	
Entretien de vêtemens, achat de bas, chapeaux etc.			
Fournitures et raccommodages de souliers. . .	556	87	Il y a eu sur cette dépense une économie de plus de 300 fr. sur les exercices précédens.
Blanchissage.	1468	31	
Pain.	6737	14	Il a été obtenu une remise de 5 cent. par pain de 4 livres jusqu'au moment où la cherté excessive des farines, a obligé le boulanger à exiger l'intégrité du prix.
Viande.	3461	85	L'économie a été également sensible sur cette dépense.
Comestibles divers et menues dépenses de la cuisine. . . . . , ...	4160	9	
Vin.	3041	60	
Combustibles.	3040	«	
Appointemens.	14000	«	Cette somme suffit pour les traitemens de seize employés, non compris six élèves répétiteurs auxquels il est accordé une indemnité de 600 fr.
Pensions de retraite à d'anciens employés, savoir :			
Au sieur Haüy ancien instituteur des Aveugles. . . . . 2000 »			Les dames Charvet et Biardeau étant décédées dans le courant de cet exercice, l'Institution n'est plus grevée maintenant que de la pension du sieur Haüy.
Aux dames Charvet et Biardeau, surveillantes 533 33	2533	33	
Entretien de la Chapelle et frais du Culte. . . .	777	93	
Achat et réparations d'instruments de musique et frais de l'Instruction.	1967	81	
Travaux manuels, achat de métiers de tisserand, de tapis de lisières, sparterie, Jonc et tapis de paille, achat de métiers pour la fabrication de ces divers objets, et salaire des contremaitres	5021	35	Ces métiers n'avoient point encore été donnés aux Aveugles.
Frais d'infirmerie, achat de médicamens. . . .	456	61	Dans cette dépense sont compris les frais d'établissement de la pharmacie fourniture de vases etc.
Traitement du médecin	«	«	Les fonctions en ont été remplies gratuitement par le Directeur de l'Institution.
Contribution foncière.	4068	70	
Contribution des portes et fenêtres de la maison occupée par l'Institution.	111	80	
Éclairage de la maison et des employés.	1101	47	
Frais de bureau, impressions pour le service, menues dépenses pour ports de lettres et d'argent.	681	19	
Dépenses relatives au service, achat, entretien et réparation du mobilier et ustensiles de cuisine, gratifications, étrennes etc. . . .	3577	48	
Constructions et réparations extraordinaires dans les deux maisons, construction et achat de poêle et dépenses pour l'établissement dans la maison occupée par l'Institution, etc.	8233	74	Cette dépense a été nécessitée par les omissions sans nombre faites par l'architecte chargé par son Excellence des travaux d'établissement, comme la poêlerie, un très-grande partie de la menuiserie, de la peinture et l'établissement de la chapelle.
Frais de l'écurie	«	«	
	76359	27	Cette différence entre la recette et la dépense, provient de ce que la somme de cent francs, énoncée au dernier article de la recette n'a pu encore être employée conformément aux intentions du Docteur Williams, le comptable s'en est chargé en recette sur l'exercice 1817.

RELEVÉ *du nombre des élèves existans, du 1er janvier au 31 décembre 1816, dans l'Institution royale des Jeunes Aveugles ;* SAVOIR :

MOIS.	ELÈVES. Gratuits.	Pensionnaires.	Employés nourris.	TOTAL général.	TOTAL des journées.	OBSERVATIONS.
Janvier.	46	2	15	63	1953	
Février.	52	2	15	69	2001	
Mars.	54	2	15	71	2201	
Avril.	54	2	15	71	2130	
Mai.	54	2	15	71	2201	
Juin.	54	4	15	73	2190	
Juillet.	54	4	15	73	2263	
Août.	56	4	15	75	2305	
Septembre.	59	4	15	78	2340	
Octobre.	62	4	15	81	2511	
Novembre.	62	4	15	81	2430	
Décembre.	66	4	15	85	2635	
	673	38	180	891	27180	

RELEVÉ *des denrées diverses consommées dans l'Institution royale des jeunes Aveugles, en 1816.*

NATURE des DENRÉES.	QUANTITÉS. Achetés en — Kilogram.	Décagram.	Stères.	Hectolitres.	Litres.	Quarterons.	Consommées en — Kilogram.	Décagram.	Stères.	Litres.	Quarterons.	RESTANT au 31 Décemb. 1816. Kilogram.	Décagram.	Stères.	Litres.	Quarterons.	OBSERVATIONS.
Pain.	16948	16	«	«	«	«	16948	16	«	«	«	«	«	«	«	«	
Vin.	«	«	«	«	3727	«	«	«	«	3367	«	«	«	«	160	«	
Viande.	3698	61	«	«	«	«	3628	61	«	«	«	«	«	«	«	«	
Légumes secs.	«	«	«	«	231	«	«	«	«	146	«	«	«	«	85	«	
Riz.	100	«	«	«	«	«	90	«	«	«	«	10	«	«	«	«	
Beurre salé.	283	13	«	«	«	«	263	13	«	«	«	20	«	«	«	«	
Raisiné.	96	«	«	«	«	«	84	«	«	«	«	12	«	«	«	«	
Oeufs.	«	«	«	«	«	264	«	«	«	«	«	«	«	«	«	«	
Fromage de Gruyère.	188	7	«	«	«	«	170	7	«	«	«	18	«	«	«	«	
Sel.	250	«	«	«	«	«	225	«	«	«	«	25	«	«	«	«	
Poivre.	1	50	«	«	«	«	1	50	«	«	«	«	«	«	«	«	
Girofle.	«	50	«	«	«	«	«	50	«	«	«	«	«	«	«	«	
Huile à manger.	144	«	«	«	«	«	130	«	«	«	«	14	«	«	«	«	
Vinaigre.	«	«	«	«	220	«	«	«	«	140	«	«	«	«	80	«	
Bois de chauffage.	«	«	188	«	«	«	«	«	128	«	«	«	«	60	«	«	
Charbon de bois.	«	«	«	42	50	«	«	«	«	4200	«	«	«	«	50	«	
Chandelle.	18	«	«	«	«	«	18	«	«	«	«	«	«	«	«	«	
Huile à brûler.	228	75	«	«	«	«	228	75	«	«	«	«	«	«	«	«	

REVENUS de l'Institution royale des jeunes Aveugles, séparée de l'hospice des Quinze-Vingts, par ordonnance du 8 février 1815.

NATURE DES REVENUS.	SOMMES perçues et applicables à l'exercice 1817.		TOTAUX.		OBSERVATIONS.
		C.	Fr.	C.	
REPRISE DE 1816.					
La somme de cent francs donnée par le docteur Williams pour employer en achats de rentes, et dont l'emploi n'avoit pu être fait en 1816.	100	«			Cette somme, retirée du Mont de Piété, en vertu d'une autorisation de son Excellence le Ministre de l'Intérieur, a été placée avec celle de cent francs, provenant de la reprise ci-dessus, en rentes sur l'état.
REVENUS FIXES.					
Maison, rue des Lombards, louée 13,600 francs, année 1817.	13,600	«			
Loyer d'une boutique dépendante de la Maison par l'Institution, louée au sieur Bourassin, année 1817 . . . . . 350 »	356	91			
Portes et fenêtres. 6 91					
Fonds accordés par le gouvernement.	50,000	«	64,578	41	
Intérêts de 6,800 fr. placés au Mont de Piété, une année au 31 mars 1817. .	340	«			
Rente à 5 p. o/o de 583 f. en deux parties acquises du produit de la somme de 6,800 fr., et de la reprise de 100 fr. arrérages du 22 mars, au 22 sept. 1817. .	281	50			
REVENUS VARIABLES.					
Produit des travaux des jeunes Aveugles.	848	95			
Pensions des jeunes élèves, perçues en 1817. . . . . :	2,350	«			
Indemnités payées par des élèves gratuits, pour tenir lieu de trousseau. . . .	481	30	3,780	25	
Boîte aux lettres, placée à l'Institution, année 1817.	100	«			Le produit de cette indemnité a été abandonnée au concierge, par décision de l'Administration.
REVENUS EXTRAORDINAIRES.					
Reçu du Mont de Piété, en vertu de l'autorisation de son Excellence le Ministre de l'Intérieur, du 26 mars 1817, le remboursement de la somme de 6,800 fr. qui avoit été déposée . . .	6,800	«			
Reçu du Trésor royal la somme de 10,371 fr. 90 c., accordée à l'Institution, par son Excellence le Ministre de l'Intérieur, dans une révélation de biens célés à la régie.	10,371	98	17,171	98	
			85,530	64	
Récapitulation { Reprise de 1816. . . . . 100 « / Revenus fixes. . . . . 64,578 41 / Revenus variables. . . 3,780 25 / Revenus extraord⁵. 17,171 98 }			85,630	64	

DÉPENSES DE L'INSTITUTION.

NATURE DES DÉPENSES.	SOMMES PAYÉES. Fr.	C.	OBSERVATIONS.
Loyer de la Maison occupée par l'Institution, du premier janvier, au 31 décembre 1817. . . .	7500	«	
Habillement des Filles.	1131	50	
Achat de linge neuf.	«	«	Il n'est rien porté pour cette dépense, attendu que la tisseranderie fabrique annuellement ce qui est nécessaire aux besoins de l'Institution.
Entretien des vêtemens, achats de bas et chapeaux, et solde de la fourniture de drap, faite en 1816.	1426	23	
Fourniture et raccommodage de souliers.. .	708	75	
Blanchissage.	1754	94	
Pain.	10599	39	
Viande.	4141	40	
Comestibles divers et menues dépenses de cuisine. . . . . . , ...	3917	24	
Vin.	3580	«	Cette dépense est plus forte que l'année dernière en argent, à cause de l'augmentation excessive du prix du vin; mais en tenant compte de l'accroissement du nombre des élèves, elle est en nature, moins forte de 89 litres.
Combustibles. . . . . - . .	2000	«	Il y a eu économie de dix-huit stères.
Appointemens. . . . . ,	14750	«	L'augmentation de 750 f. sur cette dépense, provient de celle de 500 fr., qui a été accordée à l'Aumônier, et de 250 fr. à l'institutrice des filles, par décision Ministérielle, du septembre 1816.
Pension de retraite au sieur Haüy. . . . , . .	1783	33	
Entretien de la Chapelle et frais du culte. . . .	458	23	
Achats et réparations d'instruments de musique, et frais de l'Instruction.	4358	21	
Achats de matières pour les divers métiers de tisserand, de tapis de lisières, sparterie, jonc et tapis de paille, divers objets et salaires des contre-maitres.	3453	44	
Frais d'infirmerie, achats de médicamens. . .	265	38	
Traitement du médecin.	«	«	Les fonctions en ont été remplies gratuitement jusqu'à ce jour par le Directeur.
Contribution foncière.	4047	90	
Contribution des portes et fenêtres de la maison occupée par l'Institution.	140	«	
Éclairage de la maison et des employés.	1399	19	L'accroissement de cette dépense, est produite par les augmentations successives, réclamées par le lampiste, en raison de la cherté des huiles. La consommation en nature a été la même que pour le précédent exercice.
Frais de bureau, impressions pour le service, menues dépenses pour ports de lettres et d'argent, passe du sac; impressions pour le service de la maison, etc.	537	20	
Dépenses relatives au service, achat, entretient, réparations des divers objets, dépendants du mobilier et d'ustensiles de cuisine, gratifications et étrennes, etc. . . . . . . ;	2673	30	
Achats de rentes, constructions et réparations.	13920	«	
Entretien des Maisons.	885	1	
Frais d'écurie.	«	«	
TOTAL. . .	85630	64	

RELEVÉ du nombre des élèves existans au 31 décembre 1817 dans l'Institution royale des jeunes Aveugles.

MOIS	ÉLÈVES		Employés nourris.	Total général.	Total des journées.	OBSERVATIONS.
	Gratuits.	Pension-naires.				
Janvier..........	63	4	15	82	2542	
Février..........	67	4	15	86	2408	
Mars.............	69	4	15	88	2728	
Avril	71	4	15	90	2700	Le nombre des élèves
Mai.	71	4	15	90	2790	s'étant accru du quart,
Juin.............	71	4	15	90	2700	environ , celui des
Juillet...........	71	4	15	90	2790	journées s'est élevé
Août.............	71	4	15	90	2790	proportionnellement.
Septembre....	72	4	15	91	2730	
Octobre........	73	4	15	92	2852	
Novembre....	72	4	15	91	2750	
Décembre....	70	4	15	89	2759	
	841	48	180	1069	32,519	

RELEVÉ des denrées et autres objets consommés dans l'Institution royale des jeunes Aveugles.

QUANTITÉS

RESTANTES au 31 Décembre 1816.

NATURE des DENRÉES	Kilogram.	Décagram.	Stères.	Litres.	Quarterons.
Pain					
Viande					
Vin				160	
Légumes secs				85	
Riz	10				
Beurre salé	20				
Raisiné	12				
OEufs					
Fromage de Gruyère	18				
Sel	25				
Poivre					
Huile à manger	14				
Vinaigre				80	
Bois de chauffage			60		
Charbon de bois				50	
Chandelle					
Huile à brûler					

ACHETÉES pendant l'exercice 1817.

NATURE des DENRÉES	Kilogram.	Décagram.	Stères.	Litres.	Quarterons.
Pain	2179	92			
Viande	4321				
Vin				3632	
Légumes secs					
Riz	25				
Beurre salé	303				
Raisiné	118				
OEufs					$310\frac{2}{3}$
Fromage de Gruyère	340				
Sel	200				
Poivre	2	50			
Huile à manger	109	84			
Vinaigre				110	
Bois de chauffage			120		
Charbon de bois				4400	
Chandelle	20				
Huile à brûler	237	64			

TOTAUX.

NATURE des DENRÉES	Kilogram.	Décagram.	Stères.	Litres.	Quarterons.
Pain					
Viande					
Vin				3792	
Légumes secs					
Riz				35	
Beurre salé	323				
Raisiné	130				
OEufs					$310\frac{2}{3}$
Fromage de Gruyère	358				
Sel	225				
Poivre					
Huile à manger	123	84			
Vinaigre				190	
Bois de chauffage			180		
Charbon de bois				4450	
Chandelle	20				
Huile à brûler	237	64			

CONSOMMÉES pendant l'exercice 1817.

NATURE des DENRÉES	Kilogram.	Décagram.	Stères.	Litres.	Quarterons.
Pain	22179	92			
Viande	4321				
Vin				3714	
Légumes secs					
Riz				35	
Beurre salé	276				
Raisiné	130				
OEufs					$310\frac{2}{3}$
Fromage de Gruyère	358				
Sel	200				
Poivre	2	50			
Huile à manger	123	84			
Vinaigre				160	
Bois de chauffage			120		
Charbon de bois				4359	
Chandelle	20				
Huile à brûler	237	64			

RESTANTES au 31 Décemb. 1817.

NATURE des DENRÉES	Kilogram.	Décagram.	Stères.	Litres.	Quarterons.
Pain					
Viande					
Vin				78	
Légumes secs					
Riz					
Beurre salé	47				
Raisiné					
OEufs					
Fromage de Gruyère					
Sel	25				
Poivre					
Huile à manger					
Vinaigre				30	
Bois de chauffage			60		
Charbon de bois				100	
Chandelle					
Huile à brûler					

RÉGIME ALIMENTAIRE.

La nourriture n'étoit autrefois, ni assez abondante, ni assez variée, nous nous sommes attachés à donner une moins grande quantité de légumes secs, et à diversifier, le plus possible, la préparation de la viande, afin d'éviter le dégoût et la monotonie qui accompagnent un régime trop uniforme; une carte, qui demeure constamment placardée dans les cuisines et dans les réfectoires, prescrit la nature des alimens pendant les deux saisons, et met les élèves à même de réclamer contre la négligence des servans et des cuisiniers si les prescriptions n'étoient pas ponctuellement observées.

Les élèves ont actuellement un rôti de veau et un rôti de mouton alternativement chaque semaine : ces viandes sont cuites au four, afin d'éviter la déperdition qui auroit lieu si on employoit le procédé ordinaire. On a soin, pour augmenter les rations, de garnir les plateaux d'une assez grande quantité de pommes de terre, d'oignons ou de carottes, selon la saison.

La marmite bouilloit autrefois devant l'âtre à feu nud, ce qui, à l'inconvénient de laisser de l'intermittence dans l'ébullition, entraînoit une dépense considérable de combustible : cet inconvénient a disparu par la construction d'un vaste fourneau à la Rumfort, dans lequel, au moyen des circonvolutions qui s'opposent à l'évaporation du calorique, deux grandes marmites contenant chacune soixante litres d'eau, sont mises en ébullition ensemble ou séparément avec trois bûches ordinaires divisées en deux. Les légumes et les ragoûts de viande, qu'on a préalablement fait roussir, cuisent à la vapeur du pot au feu dans une seconde marmite, qui sert de couvercle à la première; en profitant ainsi de la vapeur de l'eau pour cuire deux objets à la fois, il y a économie de temps et de combustible et, peut-être, aussi plus de perfection dans la préparation des mets.

Vingt-deux livres de bœuf, deux pieds de veau et huit onces de gélatine animale équivalant à sept livres de viande, produisent quarante litres de bouillon auquel on donne de la couleur et de la saveur par l'addition de dix livres de légumes frais, roussis dans du saindoux (1). Chaque élève reçoit à diner conformément au réglement, quarante-huit centilitres de soupe-bouillon et treize décagrammes de viande cuite ; on y ajoute les dimanches et jeudis une sauce qui en réhausse le goût.

Une seule distribution d'un décilitre de vin avoit lieu autrefois, le jeudi seulement : sans augmenter nos dépenses pour cette provision, nous avons eu la satisfaction d'en donner deux fois par semaine, en diminuant les rations des employés qui étoient beaucoup trop fortes.

Enfin nous ne souffrons plus, comme anciennement, qu'aucune personne de l'extérieur vienne aux heures, des repas sous le prétexte de servir les élèves contrarier leurs goûts et leurs habitudes, afin d'acquérir le droit de s'appoprier les restes pour prix d'un service plus à charge qu'utile, qui tournoit, sous plus d'un rapport, au détriment de la maison.

----

(1) Nous venons de faire, au commencement de cette année, de nouvelles recherches sur le bouillon d'os, préparé à la manière de M. Cadet-de-Vaux, et nous avons obtenu des résultats très-avantageux par le procédé suivant : on place dans une petite boîte en fer-blanc (a), criblée de trous comme une écumoire et suspendue dans la marmite un kilogramme d'os concassés très-menus ; on maintient, pendant environ une heure, l'eau a une chaleur douce et graduée, de manière à ce qu'elle n'éprouve qu'un léger frémissement à sa surface, ce qui est d'ailleurs nécessaire, pour que ce liquide dilate les fibres musculaires et ne coagule point les parties albumineuses, qui se durcissent, comme on sait, à la température de quatre-vingts degrés : à l'aide de ces précautions le suc des os, la gélatine et *l'osmazome* de la viande se disolvent parfaitement dans l'espace de 6 à 7 heures et l'on obtient un bouillon très onctueux et d'une saveur fort agréable, duquel on retire encore huit à neuf décagrammes de graisse, qui peut-être employée utilement dans les ragoûts. Nous remplacerons désormais la gélatine et les pieds de veau qui sont toujours d'un prix élevé, par des os, puisque le bouillon est également bon, aussi clair et beaucoup plus saturé de parties animales C'est avec une espèce de complaisance que nous avons rendu compte de la manière dont le pot au feu se prépare à l'Institution, parce que cet aliment, étant, en quelque sorte, la base de la nourriture dans les établissemens publics, on ne sauroit donner trop d'attention à ce qu'il soit substantiel et agréable. Sous ce rapport, nos succès sont prouvés par l'embonpoint de la plupart de nos élèves.

(a) Rosier avoit donné à cette petite boîte, la dénomination de marmitt américaine. Voyez Rosier cours d'agriculture etc. 6 vol. in-18 1807. Cadet-de-Vaux, mémoire sur la gélat. Paris, 1807. Cadet-de-Gassicourt, id. 1812.

CHAUFFAGE ET ÉCLAIRAGE.

Nous n'avons point voulu compromettre les intérêts de l'Institution en répétant ici des essais qu'on avoit déjà faits infructueusement ailleurs, sur la manière d'échauffer à la vapeur, et au charbon de terre, parce que nous pensons que les administrateurs des deniers des pauvres ne sauroient trop se garantir de l'esprit d'innovation et de système : nous nous sommes attachés seulement, dans la construction et le placement de nos poëles, à les disposer de manière à économiser le bois le plus possible, et nos soins ont eu le résultat que nous en attendions, car la température n'est jamais au-dessous de 10° dans les classes et les ateliers, et nous avons une différence en moins sur les précédens exercices d'environ dix-huit stères.

Il n'a point été fait, non plus, de changement pour l'éclairage ; nous n'aurions pas pu d'ailleurs employer le gaz hydrogène dans le quartier reculé où est placée l'Institution, puisqu'il n'y a eu momentanément des réservoirs que dans les environs du Palais-Royal. L'illumination a eu lieu, jusqu'à présent, à forfait avec un lampiste ; mais l'excessive cherté de l'huile et le prix élevé qu'il exigeoit, nous ont déterminés à faire faire ce service par le concierge, auquel on fournit l'huile nécessaire ; nous avons déjà remarqué une économie du treizième : cette épargne ne pourra qu'augmenter, en raison de la baisse du prix des huiles et de l'accroissement des jours.

HABILLEMENT DES ÉLÈVES.

Un vêtement de drap de Berry, très-grossier faisoit confondre autrefois les jeunes Aveugles avec les Pauvres des Hôpitaux de Paris ; nous avons cru devoir substituer à la couleur et à la forme banale de ce vêtement un uniforme agréable à la vue, qui fût, en même temps, en rapport avec leurs occupations et leur infirmité. Et, pour apporter plus d'économie dans cette dépense, nous avons fait faire deux uniformes : l'habillement des jours de fête où le grand uniforme se compose : 1° d'un habit bleu de roi, en drap d'Elbeuf, revers droits, collets et paremens bleu-clair, avec des boutons en cuivre doré, aux armes de France, portant cette inscription à l'entour : *Institution Royale des jeunes Aveugles*; 2° d'un pantalon aussi en drap bleu, semblable à l'habit, doublé en siamoise; 3° et d'un gilet en casimir chamois.

Le petit uniforme qui sert les jours de travail est composé d'un gilet rond et d'un pantalon en drap d'Elbeuf gris, avec passe-poil bleu. Le gilet de dessous est en casimir.

Nous avons préféré les pantalons aux culottes, que l'on donne encore dans les colléges, parce qu'il y a économie de bas, et moins d'entretien pour les boutons, les boucles de jarretières, etc., etc.

On n'avoit jamais donné de chapeaux aux élèves, mais les rhumes fréquens et les fluxions, auxquels ils étoient sujets étant nus-tête, nous ont déterminés à faire l'utile dépense de chapeaux, qui nous ont été fournis par un chapelier, qui a reçu de la toile en payement : c'est la première fois que les jeunes Aveugles ont payé leurs fournisseurs du produit de leur travail.

Les filles ont eu aussi un uniforme beaucoup plus sortable que l'ancien : il est composé d'une robe de toile de coton violette, à raie rouge : cette étoffe, qui est très-forte et d'un bon teint, a été commandée à Rouen.

Nous avons remplacé les fichus, dont l'entretien et le blanchissage étoient dispendieux, par un large collet tombant, qui recouvre les épaules. Aux coëffes, qui présentoient les mêmes inconvéniens que les fichus, et de plus celui de découvrir trop la figure, nous avons substitué des capotes en printannière bleue et blanche, qui font un très-agréable effet, et n'ont besoin d'être blanchies qu'une seule fois par an.

INSTRUCTION.

La dépense pour l'instruction a été considérable pendant ces deux exercices, parce que le dénûment étoit absolu, et qu'il a fallu presque tout renouveller. Il avoit été acquis très-peu d'instruments avant la translation : l'administration avoit adopté le systême onéreux de prendre à loyer ceux qui étoient indispensables, ces instruments se détérioroient entre les mains des élèves; on étoit forcé de les acheter chèrement ensuite, lorsqu'ils ne valoient plus rien, après les avoir plus que payés par le prix de la location.

Environ soixante-dix kilogrammes de caractères en relief très-usés, sept cartes de géographie, six planches à composition et soixante volumes en reliefs, tant bons que mauvais, composoient tout le mobilier des classes : comment pouvoit-on suffire à l'instruction de quatre-vingt-dix élèves avec d'aussi chétives ressources ! aussi notre premier soin a-t-il été de rétablir ces objets, de la plusgrande indispensabilité pour les études.

Le sieur Clerget, ancien imprimeur des Aveugles, qui avoit fait les premières cartes en relief, étant mort, et aucun ouvrier ne voulant se charger d'en faire de nouvelles, nous nous sommes vu dans la nécessité, mes collaborateurs et moi, de nous livrer nous-mêmes à cet aride travail; après quelques essais sans fruit, nous sommes parvenus à préparer ces cartes, d'après la méthode du sieur Clerget, et à en pourvoir abondamment toutes les classes, sans d'autres frais que beaucoup de patience et de temps.

Il en a coûté davantage pour nous procurer les caractères en relief, dont nous avions un si urgent besoin, parce que l'Institution ne possédoit plus les poinçons ni les matrices que la société Philantropique avoit fait graver autrefois, et dont M. Rouillé-de-l'Étang avoit payé le prix. Nous avons été forcés de faire fondre, chez le sieur Vaflard, au prix excessif de 425 fr. le quintal, environ deux quintaux de caractères ; mais, pour éviter d'être à l'avenir à la discrétion du propriétaire de ces matrices, nous nous sommes déterminés à en faire frapper de nouvelles chez le sieur Lyons, successeur des dames Fournier, qui avoient gravé les premiers poinçons. On a profité de cette circonstance pour faire à ces caractères les changemens qu'on a cru utiles : ces matrices, qui ne sortiront jamais de l'Institution, nous mettront à même de faire économiquement à l'avenir des fontes partielles au fur et à mesure des besoins.

On n'avoit imprimé, jusqu'à ce jour, d'autre grammaire, qu'un abrégé de Lhomond pour les élémens du français, parce qu'on n'enseignoit point les langues vivantes. Nous avons fait imprimer en relief, pour faciliter l'enseignement du latin et de l'anglais, une grammaire anglaise et un Rudiment. Si nos moyens nous le permettent, nous ferons imprimer, cette année, une Grammaire italienne, afin d'extirper entièrement l'esprit de routine qui existoit autrefois lorsque toutes les leçons étoient orales.

Nous n'avons point fait imprimer de musique en relief, parce qu'il auroit fallu faire faire des caractères exprès, les anciens ayant été mis à la fonte lorsqu'on vendît l'imprimerie en 1812. Il nous est d'ailleurs démontré que la musique en relief est très-peu utile aux Aveugles, dont les mains accupées à lire sur ces livres, ne pourroient pas exécuter simultanément. Nous avons cru suffisant pour leur donner une idée des figures et des valeures, de faire graver des planches en bois de poirier, sur lesquelles se trouvent les élémens.

La musique, dans laquelle les Aveugles réussisent si bien, leur est enseignée avec les méthodes du Conservatoire, par un jeune enfant voyant, qui les fait solfier. Si l'on conçoit que la moindre partition, imprimée en relief, comme le sont nos grammaires, formeroit une masse d'au moins douze volumes, on sentira que ce procédé, fut-il aussi nécessaire qu'il est inutile, seroit impraticable.

Huit cent-cinquante volumes composoient la Bibliothèque des Aveugles, et parmi ces livres, qui étoient *tous* à la disposition des élèves, il s'en trouve un assez grand nombre, dont on ne pourroit citer les titres sans offenser la pudeur et la religion ; tous ces ouvrages ont été soigneusement distraits de la bibliothèque depuis qu'elle nous est confiée ; nous l'avons augmentée, depuis vingt mois, de cent quarante-huit volumes, la plupart ayant trait à l'histoire, à la géographie, aux mathématiques, aux langues anciennes et modernes, etc.

Le tableau suivant indique la valeur et la quantité des objets acquis depuis la translation.

TABLEAU

Des Objets acquis pour l'Instruction, pendant les exercices 1816 et 1817.

NOMBRE.	NATURE DES OBJETS ACQUIS.	VALEUR.	
		Fr.	C.
1	Achat d'un piano neuf pour la salle des exercices (1)	1000	»
100	Achat des poinçons, des matrices, du moule et d'une première fonte de caractères..	1800	»
64	Impression des deux grammaires, tirées à 64 exemplaires sur papier grand raisin....	1400	»
1	Achat de l'orgue......................	700	»
8	Achat de huit violons pour remplacer les anciens qui étoient tout délabrés.......	168	»
2	Achat de deux bassons.................	110	»
1	Achat d'un cor de Dupont avec tout ses tons de rechange......................	160	»
6	Achat de six clarinettes, dont trois en *ut*, deux en *si* et une en *fa*.............	69	»
4	Achat de quatre flûtes simples avec leurs octaves	35	»
2	Achat de deux flûtes à six clefs.........	75	»
3	Achat de trois hautbois................	43	»
2	Achat de deux guitares.................	55	»
1	Achat d'un chapeau chinois,...........	22	»
1	Achat d'une basse....................	30	»
49	Achat de neuf archets et neuf étuis à violon.	78	»
148	Achat de quarante-neuf œuvres de musique.	247	»
	Achat de cent quarante-huit volumes tant brochés qu'imprimés pour la bibliothèque.		»
18		400	»
411		6392	»
	Si l'on ajoute à cette dépense celle faite pour le mobilier de la chapelle dont le détail se trouve ci-après page 41 et qui s'élève à..	850	»
	Les dépenses d'entretien et du culte, réunies seront portées à......................	7242	»

(1) Il n'y a eu pendant vingt ans, qu'un seul piano très-mauvais, sur lequel dix-neuf filles étoient obligées d'étudier : aujourd'hui il y en a quatre, dont un a été donné par le Directeur aux garçons, qui n'apprenoient pas cet instrument avant la translation.

SERVICE DE SANTÉ.

Rien n'est négligé pour conserver la santé des élèves; toutes les règles de l'Hygiène sont rigoureusement observées , et la propreté la plus scrupuleuse règne sur leur personne et sur leurs habits.

Une infirmerie vaste et bien aérée contient quatre lits pour le traitement des garçons. On y a placé un poële à bain de sable, qui sert à échauffer la pièce , et à faire tiédir les boissons des malades.

L'Infirmière couche à côté de cette pièce , et la pharmacie, qui renferme les remèdes les plus usuels, est placée auprès de l'infirmerie; aussi les maladies et la mortalité ne sont pas, à beaucoup près, en proportion avec ce qu'elles étoient jadis. Il est mort, depuis 1802, jusqu'à la translation de l'Institut, quarante-deux élèves , ce qui établit un terme moyen de trois par année , et depuis vingt mois , nous n'en avons perdu que deux, dont l'un étoit atteint, plusieurs années avant son admission à l'établissement, d'un diabètes sucré incurable , puisque dès son arrivée , il buvoit neuf litres d'eau chaque jour; le second étoit un jeune enfant de douze ans, disposé dès sa naisance à la phthisie tuberculeuse , et qui a succombé à cette funeste maladie , après un court séjour à l'Institution.

Le Ministre a jugé convenable de confier au Directeur, en sa qualité de médecin , les détails relatifs au service médical ; cette flatteuse déférence lui a été méritée par l'intérêt qu'il porte à ses élèves, et c'est avec raison qu'on a pensé que , par sa situation, il pouvoit mieux que personne, donner, avec intelligence et tendresse, à des êtres , au soulagement desquels il s'est consacré , les soins que réclament leurs maladies , presque toujours influencées par leur infirmité , et par une certaine réaction morale qu'on ne sauroit trop étudier. Le Directeur est suppléé, dans ses fonctions, par M. Nauche , médecin consultant , qui partage avec lui la noble tâche de soulager ces infortunés , et qui s'en acquitte avec un zèle et un désintéressement digne d'éloges.

DÉPENSES DIVERSES.

La paroisse des Quinze-Vingts étant autrefois à la proximité de l'Institution, les jeunes Aveugles n'avoient point de Chapelle particulière ; il a été indispensable d'en faire construire une dans notre nouveau local, et de la pourvoir de tous les objets nécessaires au service du culte, parce qu'il auroit été impossible de faire conduire les élèves à l'Église qui est très-éloignée. Cette dépense qui a consisté dans l'achat de

Trois Chasubles ,	Un Christ,
Deux Aubes ,	Une Lampe ,
Trois Nappes d'Autel ,	Un Encensoir et sa Navette ,
Un Missel ,	Un Calice ,
Une Soutane ,	Un Ciboire , } en argent.
Six Chandeliers ,	Un Ostensoir,

s'est élevée à la somme de huit cent cinquante francs (1).... 85o fr.

Nous terminerons ici, Monseigneur, le compte que nous devions rendre à Votre Excellence, pour lui faire connoître l'état actuel de l'Institution des jeunes Aveugles, signaler les causes qui avoient empêché son perfectionnement, et rendre sensibles les avantages, obtenus jusqu'à ce jour, par les changemens qui ont été effectués dans toutes les branches de l'Administration. Nous aurions dû craindre de nous rendre importuns par des détails minutieux, si nous ne savions combien Votre Excellence attache de prix à la prospérité d'un Établissement, dont la réédification est due à la piété du Roi, et à la bienfaisance de ses Ministres. Puisse notre zèle et nos soins, seconder dignement vos vues, et remplir vos intentions paternelles !

---

(1) Dans cette énumération ne sont point compris les frais de construction de la Chapelle, en maçonnerie, charpente, menuiserie, peinture, etc., dont le détail se trouve au compte général des constructions remis au Ministère en 1817.

LES ADMINISTRATEURS DE L'INSTITUTION ROYALE DES JEUNES AVEUGLES,

A SON EXCELLENCE MONSEIGNEUR LE MINISTRE,

SECRÉTAIRE-D'ÉTAT AU DÉP.ᵗ DE L'INTÉRIEUR.

MONSEIGNEUR,

Nous avons l'honneur d'adresser à votre Excellence le rapport sur la situation de l'Institution Royale des jeunes Aveugles, pendant les exercices 1816 et 1817, qui a été rédigé, conformément à l'article 151 du Réglement, par notre estimable collègue le Directeur de cet Etablissement.

M. GUILLIÉ étoit déjà avantageusement connu par des travaux utiles, mais il a prouvé, par ce Rapport, qu'avec des connaissances variées, et des intentions pures, on peut répandre quelque charme sur une matière sèche et aride, qui semble exclure les agrémens du style.

Nous nous estimons heureux de coopérer au bien qu'il fait à la classe infortunée, confiée à ses soins, et d'acquérir par cette participation à une bonne œuvre, la bienveillance et l'estime de Votre Excellence.

Nous vous prions, Monseigneur, de vouloir bien nous autoriser à faire imprimer ce Compte rendu, au nombre de 500 exemplaires.

Nous avons l'honneur d'être avec respect,

MONSEIGNEUR,

De votre Excellence,

Les très-humbles et très-obéissans Serviteurs,

Le Comte ALEXIS DE NOAILLE, l'Abbé SICARD,
LAFFON DE LADÉBAT, COCHIN, Administrateurs.

PARIS, le 1ᵉʳ Janvier 1818.

LE SOUS-SECRETAIRE D'ETAT

AU DÉP^T. DE L'INTÉRIEUR,

A MESSIEURS LES ADMINISTRATEURS

DE L'INSTITUTION ROYALE DES JEUNES AVEUGLES.

Paris, le 20 Janvier 1818.

Messieurs,

J'ai reçu le Rapport que vous m'avez adressé sur la situation de l'Institution Royale des jeunes Aveugles, pendant les exercices 1816 et 1817.

Ce Rapport m'a paru rédigé avec beaucoup de soin, d'ordre et de clarté ; il présente les résultats les plus satisfaisans, et en retraçant les améliorations successives que l'Institution Royale des jeunes Aveugles a éprouvées pendant les deux dernières années, il me rappelle tout ce que cet Etablissement doit à la sagesse de votre Administration , et au zèle et aux talens de son Directeur.

Je vous autorise, Messieurs, d'après votre demande, à faire imprimer ce Rapport, au nombre de 500 exemplaires.

Agréez, Messieurs, l'assurance de ma considération la plus distinguée ,

Signé , LE Comte CHABROL DE CROUZOL.